Inhalt

Chancen und Risiken der Verbriefung von risikobehafteten Krediten (Non-Performing Loans)

Kernthesen

Beitrag

Fallbeispiele

Weiterführende Literatur

Impressum

Chancen und Risiken der Verbriefung von risikobehafteten Krediten (Non-Performing Loans)

M.Floßmann

Kernthesen

- Die Bedeutung von Non-Performing Loans hat für Banken vor dem Hintergrund steigender Insolvenzen und Arbeitslosigkeit in den letzten Jahren erheblich an Bedeutung gewonnen.
- Höhere Risikoquoten im Kreditgeschäft wirken sich zunehmend negativ auf das Rating der Kreditinstitute und damit direkt

auf die Refinanzierungskosten aus.
- Auch die unter dem Stichwort Basel II geplante Überarbeitung der Eigenkapitalvorschriften für Banken sieht eine überproportionale Eigenkapitalbindung für Problemkredite und damit eine Einschränkung der geschäftlichen Aktivitäten vor. (1)
- Erste Verbriefungen von risikobehafteten Krediten haben zwischenzeitlich auch hierzulande stattgefunden, die aktuell erfolgte Einführung einer Handelsplattform (Debt X) für diese Forderungen dürfte eine deutliche Zunahme der Transaktionsvolumina bewirken.

Beitrag

Die Veräußerung von Kreditbeständen hat für Kreditinstitute in den letzten Jahren aufgrund der damit verbundenen Möglichkeit, Freiräume für Neugeschäft zu generieren, zunehmend an Bedeutung gewonnen.

Der Verkauf risikobehafteter Kredite kann dabei durchaus Teil eines proaktiven strategischen Agierens sein, in dem sich das Kreditinstitut als Intermediär zwischen Kapitalmarkt und Kreditnehmer versteht.

Risikobehaftete Kredite bzw. Non-Performing Loans werden allgemein dergestalt definiert, dass der Kredit entweder gekündigt oder länger als 90 Tage rückständig ist.
Experten taxieren das Volumen von Non-Performing Loans in Deutschland auf bis zu 300 Milliarden EUR.

Für Kapitalmarkttransaktionen erfolgt üblicherweise eine Bündelung von Einzelforderungen zu größeren Portfolios.
Hierbei unterscheidet man einerseits Corporate Loans und andererseits grundpfandrechtlich besicherte Kredite, wobei die letztere Gruppe in Bezug auf ihr Volumen weit dominieren dürfte.

Vorgehensweise beim Verkauf von Non-Performing Loans

In der Regel erfolgt die Verbriefung von Kreditforderungen bislang als synthetische Kapitalmarkttransaktion dergestalt, dass ein Investor das Kreditrisiko des erworbenen Portfolios übernimmt. Die weitere vertragliche Abwicklung wie auch die Bilanzierung der Kredite erfolgt jedoch unverändert durch das Kreditinstitut.

Diese Methode ist für den Verkauf notleidender

Kredite aus folgenden Gründen nicht optimal:
- Der Investor hat selbst keine direkte Einflussnahme auf das Kreditrisiko, was die Verkäuflichkeit in hohem Maße einschränkt bzw. zu entsprechenden Preisabschlägen führen würde.
- Das veräußernde Kreditinstitut generiert keinen sofortigen Liquiditätszufluss aus dem Verkauf und die personellen Ressourcen für die Bearbeitung der Problemkredite bleiben gebunden.

Bei der Veräußerung von Non-Performing Loans wird hierzulande daher häufig folgende Vorgehensweise gewählt:
- Auslagerung der Kredite in eine eigene Zweckgesellschaft (so geschehen bei Dresdner Bank und aktuell bei Aareal Bank in Umsetzung)
- Anschließend Abbau dieser Kredite auch im Rahmen von Verkäufen an Dritte unter gleichzeitiger Übertragung der weiteren Kreditbetreuung (true sale)

Chancen

Der Verkauf von problembehafteten Krediten setzt neben Eigenkapital insbesondere auch Mitarbeiterressourcen frei, welche für die Stärkung der eigentlichen geschäftlichen Aktivitäten eingesetzt werden können.
Der Abbau von Risiken kann sich positiv auf das

eigene Rating der Kreditinstitute auswirken.

Risiken

Der Forderungsverkauf führt neben einer nachhaltig niedrigeren Zinseinnahme häufig auch zu Verlusten bei der Transaktion selbst, da die zu erzielenden Kaufpreise regelmäßig unter den Bewertungsansätzen liegen dürften.
Über den Discount beim Ankauf notleidender Kredite gibt es bislang wenig konkrete Zahlen für den europäischen Markt. Branchenkenner gehen üblicherweise von einem Abschlag zwischen 20 und 40 Prozent auf den Nominalwert aus.

Für die veräußernden Kreditinstitute sind true sales ein recht sensibles Thema, da eine den eigenen Standards nicht entsprechende Betreuung bzw. Rückforderung der Kredite durch den Käufer zu erheblichen Imageproblemen führen kann.

Handelsplattform Debt X

Eine deutliche Zunahme des Verkaufs notleidender Kredite hierzulande wird über die kürzlich gestartete Börsenplattform Debt X erwartet.

Debt X ist eine in den USA sehr erfolgreiche Internetauktionsbörse, über welche sowohl Problemkredite als auch Normalkredite versteigert werden. Derzeit sind bei Debt X ca. 2 500 Käufer registriert primär angelsächsische Opportunity Fonds. Über die Debt X-Plattform wechselten in den USA im Jahr 2003 Kredite in Höhe von rd. 1,3 Milliarden USD den Gläubiger. (2)

Offene Punkte

- Ist die Datenqualität der Kreditinstitute über die Problemkredite für eine Veräußerung ausreichend?
- Für Investments in notleidende deutsche Immobilienkredite ist auch die Einschätzung des hiesigen Immobilienmarktes entscheidend. Ist hier die Bodenbildung schon erfolgt?

Fallbeispiele

Anfang 2003 veräußerte die Hypo Real Estate risikobehaftete Kredite über nominal 490 Millionen

EUR an den amerikanischen Investor Lone Star. Diese Transaktion ist der bislang größte deutsche Non-Performing-Deal in Deutschland. Die Höhe des Bewertungabschlags auf den Nominalwert ist nicht bekannt. (3)

Neben den etablierten angelsächsischen Opportunity Funds investiert auch der Global Real Estate Opportunities Fund (REOG) der DB Real Estate unter anderem auch weltweit in immobilienbesicherte Problemkredite. Investments in Deutschland sind aufgrund der noch als zu unsicher beurteilten Situation des hiesigen Immobilienmarktes aber bislang die Ausnahme. (6)

Die Eurohypo prüft derzeit laut eigenen Angaben Portfolioverkäufe in der Größenordnung von mehreren Milliarden Euro. Besonderes Interesse zeigen die potenziellen angelsächsischen Investoren hierbei gerade an Non-Performing Loans. (4)

Die Dresdner Bank hat ihre notleidenden bzw. stark risikobehafteten Kredite Anfang 2003 in einer eigenen Restrukturierungseinheit (IRU) gebündelt. In 2003 tätigte die IRU in den USA mehrere Forderungsverkäufe mit einem Volumen von rd. 2 Milliarden EUR. In Deutschland hingegen konnten keine nennenswerten Transaktionen getätigt werden. Für das laufende Jahr will man seitens der IRU aber insbesondere Verkäufe über die neue Plattform Debt X intensiv prüfen. (5)

Die Aareal Bank verbuchte Ende 2003 einen Bestand an notleidenden inländischen Krediten in der Größenordnung von 2,5 Milliarden EUR. Zum Abbau dieser Non-Performing Loans sind -nach entsprechender Aufarbeitung durch die neu gegründete Tochtergesellschaft Aareal Estate AG- auch Forderungsverkäufe vorgesehen. (8)

Weiterführende Literatur

(1) Veräußerung von Non-Performing Loans: Motive, Auswirkungen, Lösungsansätze
aus Die Bank, Heft 03/2004, S. 182-185

(2) Neue Plattform für faule Kredite startet US-Börse DebtX eröffnet mit 2 500 Investoren
aus Börsen-Zeitung, 24.03.2004, Nummer 58, Seite 4

(3) Geschäfte machen mit der Not Viele Kreditinstitute wollen derzeit ihre faulen Immobiliendarlehen verkaufen · Opportunity-Fonds entdecken Deutschland
aus Financial Times Deutschland vom 04.03.2004, Seite BE1

(4) Eurohypo stärkt Risikovorsorge Großaktionäre verzichten auf Dividende - Vorbereitung für

Portfolioverkäufe
aus Börsen-Zeitung, 10.03.2004, Nummer 48, Seite 3

(5) Dresdner Bank baut faule Kredite kräftig ab
Bankkreise: Restrukturierungseinheit senkt Volumen des deutschen Kreditportfolios unter 6 Mrd. Euro
aus Börsen-Zeitung, 06.04.2004, Nummer 67, Seite 5

(6) "Opportunismus" ist am Immobilienmarkt eine Tugend Real Estate Opportunity Funds haben Kriegskasse von 60 Mrd. Dollar - Erste Investitionen in Deutschland sind bereits angelaufen
aus Börsen-Zeitung, 19.02.2004, Nummer 34, Seite 2

(7) Notleidende Immobilienkredite gefragt
aus Frankfurter Allgemeine Zeitung, 16.04.2004, Nr. 89, S. 41

(8) Aareal Bank Gruppe: Sondervorsorge belastet Ertrag
aus Immobilien & Finanzierung - Der langfristige Kredit Nr. 08 vom 15.04.2004 Seite 264

Impressum

Chancen und Risiken der Verbriefung von risikobehafteten Krediten (Non-Performing Loans)

Bibliografische Information der deutschen Nationalbibliothek

Die Deutsche Nationalbibliothek verzeichnet diese Publikation in der deutschen Nationalbibliografie; detaillierte bibliografische Daten sind im Internet über http://dnb.d-nb.de abrufbar.

ISBN: 978-3-7379-0547-3

© 2015 GBI-Genios Deutsche Wirtschaftsdatenbank GmbH, Freischützstraße 96, 81927 München, www.genios.de

Alle Rechte vorbehalten. Dieses Werk ist einschließlich aller seiner Teile – z.B. Texte, Tabellen und Grafiken - urheberrechtlich geschützt. Jede Verwertung außerhalb der Grenzen des Urheberrechtsgesetzes bedarf der vorherigen Zustimmung des Verlags. Dies gilt insbesondere auch für auszugsweise Nachdrucke, fotomechanische

Vervielfältigungen (Fotokopie/Mikroskopie), Übersetzungen, Auswertungen durch Datenbanken oder ähnliche Einrichtungen und die Einspeicherung und Verarbeitung in elektronischen Systemen.